Trauer
Die verwandelte Form von
Liebe

Angelika Wolf

Trauer
Die verwandelte Form von
Liebe

Bibliografische Information der Deutschen Nationalbibliothek:
Die Deutsche Nationalbibliothek verzeichnet diese Publikation in der Deutschen
Nationalbibliografie; detaillierte bibliografische Daten sind im Internet
über http://dnb.d-nb.de abrufbar

Herstellung und Verlag: Books on Demand GmbH, Norderstedt

ISBN: 9783842348660

Vorwort

Trauer ist etwas, was jeden von uns irgendwann
im Leben erfassen wird.
Die einen werden versuchen zu verdrängen.
Die anderen werden sich damit
auseinandersetzen.
Diejenigen, denen es gelingt sich mit der Trauer
auseinander zu setzen, werden bald erkennen,
daß dieses unerträgliche Gefühl, das sie quält,
ein Zeichen der Liebe zu dem Menschen ist,
der von ihnen gegangen ist.
Umso schmerzlicher die Trauer,
umso größer auch die Liebe.
Denn Trauer ist nichts anderes,
als die verwandelte Form von Liebe.

Der Schrei

Dunkel bricht die Nacht herein,
in der Ferne hör ich Schwäne schrei'n.
Weiß nicht, was soll es bedeuten,
doch als dann auch die Glocken läuten,
weiß ich, nun ist Dein Weg bereitet,
auf dem Du von Engeln wirst begleitet.

Ich laß Dich los und laß Dich gehen.
Sag' Dir leise flüsternd "Aufwiedersehen".
Ein letzter Kuß, ich wünsch' Dir Glück,
dann bist Du fort - ich bleib zurück.

Dir ist Dein Frieden nun geschenkt.
Stille sich herniedersenkt.
Ein Schrei, die Stille jäh durchbricht,
doch ist er lautlos, man hört ihn nicht.
In mir schreit es "nun ist's vorbei"
und dann bricht mir mein Herz entzwei.

Egal was die Zukunft mir auch bringt,
der Schrei in mir nie mehr verklingt.

Was Du mir bist

Mir ist's, als wie wenn es gestern wär,
als ich Dein Gesicht gesehen.
Warum ist es noch so schwer?
Wieviel Zeit muß noch vergehen?
Damit die Erinnerungen verblassen,
die Bilder wohl verschwinden.

Wann kann ich es wohl endlich fassen?
Seh noch immer Dich in Schmerzen winden,
als Du in Deinem Bett gelegen
und Dein Leid unsagbar groß.
Konnte Dich nur etwas pflegen,
doch die Angst ließ uns nicht los.

Wollte alles von Dir nehmen,
Dir helfen so gut es geht.
Kann mich nun nur nach Dir sehnen,
denn keiner diesen Schmerz versteht.
Weißt Du noch, wie es gewesen,
als Du sagtest: "Ich habe Dich lieb"?

Dachten beide, Du würdest genesen,
ahnten nicht, wie wenig Zeit uns blieb.
Doch wenn ich in die Vergangenheit schau
und die Szenen seh'.
Weiß ich, wir wußten es genau,
doch hilf', daß ich versteh.

Warum wollt' ich es nicht erkennen,
nicht die Wahrheit sehen?
Warum nicht beim Namen nennen,
daß Du mußt nun gehen?
Daß es keine Chance mehr gibt,
daß es nun zu Ende.

Egal wie sehr Du auch geliebt.
Ich hielt nur Deine Hände.
Doch als ich in Deine Augen sah,
sah ich in Deinem Blick:
Bald bist Du nicht mehr da
und kommst nicht mehr zurück.

Ist so schwer Adieu zu sagen,
ich weiß wie falsch das ist.
Doch an Deinen letzten Tagen,
hast gespürt, was Du mir bist.

Die Frage nach dem Warum

Oft frag' ich nach dem "Warum".
Die Antwort bleibt aus, alles bleibt stumm.
Kann nicht begreifen und auch nicht verstehen,
warum ist's vorbei, warum mußest Du gehen?
Kann's nicht ertragen und auch nicht
verschmerzen,
fühle Dich ständig in meinem Herzen.

Will nicht vergessen, nicht aufhören zu leiden,
wäre das doch Betrug, an uns beiden.
Ist ein harter Preis, den ich nun zahl',
denn nie hört es auf, nie endet die Qual.
Gibt keine Antwort als ich nach dem "Warum"
gefragt,
doch eins hat mein Inneres mir gesagt:

Stell' keine Fragen, die doch keiner hört.
Hör auf zu klagen, da es nur zerstört.
Nimm einfach an, was vom Schicksal bestimmt,
daß wenn man Dir das Liebste nimmt -
egal "warum" der Schmerz doch nicht zu ertragen,
doch hilft es nicht sein Los zu beklagen.

Sei dankbar, daß Du die wahre Liebe empfunden,
denn durch die seid Ihr auf ewig verbunden.

Die letzte Rose

Ich seh unsere letzte Rose,
nun an Deinem Grab.
Erinnert mich an vieles
und wie lieb ich Dich doch hab.
Der Rose schöne Blüte,
leuchtet in samtnen Rot.
Unsere Liebe blüht ewig
auch wenn Du jetzt bist tot.

Die Rose ist Symbol,
für unsere Liebeszeit.
Sie hegen und auch pflegen,
damit sie wachset und gedeiht.
Doch seh ich auch die Dornen,
an denen man sich sticht.
So war auch unser Leben,
voll Schatten und viel Licht.

Da gab es auch Verletzung
und manchen bösen Streit,
haben alles überstanden
egal wie groß das Leid.

Die Liebe hat geholfen,
auch Schweres zu überstehen,
wir wollten uns nie trennen,
nie voneinander gehen.

Das Schicksal meint es anders,
es hat mich nicht gefragt.
Du mußtest mich verlassen,
und ich hab nicht gesagt.
Wie sehr ich Dich doch liebe
und was Du für mich bist,
drum pflanz ich Dir die Rose,
damit Du nie vergißt:

Die letzte Rose
als Zeichen auf Deinem Grab,
soll Dir auf ewig sagen,
wie lieb ich Dich doch hab!

Zerbrochenes Herz

Viele Monate nun schon ohne Dich
und doch fühle und spür ich nicht.
Nicht Trauer, nicht Schmerz hab ich empfunden,
seit dem Du aus meinem Leben verschwunden.
Fühl mich einsam und innerlich leer,
fast so leblos, als gäb's mich nicht mehr.
Meine Tränen versiegten ungeweint,
eine zulange Zeit, die wir vereint.
Zu groß der Verlust, um ihn zu erfassen.
Zu stark der Schmerz, um ihn zu zulassen.
Alle Gefühle tief in mir verkrochen,
seit dem Tag, an dem mein Herz zerbrochen.
Und doch hab ich eins stets empfunden,
die Liebe zu Dir, denn die ist nie verschwunden.
Sie bleibt als einziges von Dir zurück
und die Erinnerung, die nun mein Glück.

Herz verschenkt

Du mußt durchs Tal der Tränen,
für lange Zeit nun gehen.
Viel Leid und auch die Schmerzen
der Sehnsucht überstehen.
Und wenn Du denkst,
nun ist die Trauer überwunden,
dann wirst Du schnell erkennen,
sie ist nie ganz verschwunden.
Wirst viele lange Wochen
durch Dunkelheit noch wandern.
Kein Tag wird sich mehr gleichen,
kein einziger dem anderen.
Und oft wirst Du Dich fühlen,
wie wenn Dein Herz zerrissen,
doch dann wirst Du erkennen:
Man hats Dir rausgerissen.
Denn Dein Herz und Deine Liebe,
waren doch für ihn bestimmt,
wen soll es da noch wundern,
daß er es mit sich nimmt.
Am besten Du begreifst,
so schnell es für Dich geht,
was keiner sonst kann wissen,
was niemand sonst versteht.

Daß Dir ein Deinem Leben,
ein wichtiger Teil nun fehlt.
Und kommt was kommen mag,
für Dich es nicht mehr zählt.
Egal was auch geschieht,
es kann Dich nicht zerstören,
denn eins das weißt Du sicher:
Ihm wird Dein Herz gehören.
Dein Leben lebst Du weiter,
egal wie schwer es scheint.
Immer mit dem Wissen,
irgendwann seid Ihr vereint.
Diese Hoffnung wird Dich trösten,
mit unendlicher Kraft,
daß Du den langen Weg
aus dem Tal der Tränen schaffst.
Doch die Trauer wird nicht enden,
sie wird nie mehr vergehen.
Denn Dein Herz hast Du verloren,
mußt nun ohne es bestehen.
Doch macht Dich das nicht traurig,
wenn Du es recht bedenkst.
War es das doch was Du wolltest:
Du hast ihm ja Dein Herz geschenkt.

Schmerz der Trauer

Spür ich nun der Trauer Schmerzen,
täglich stark in meinem Herzen.
Doch ist's ein süßer Schmerz, der mich da quält,
weil er die Liebe zu Dir aufrecht erhält.
Würde er eines Tages doch vergehen,
meine Liebe würd' nicht mehr bestehen.
Drum spür ich dankbar diesen Schmerz,
zeigt er doch, Du bist in meinem Herz.
Von dort kann Dich niemand je vertreiben,
denn was wahre Liebe war, wird immer Liebe
bleiben.

Ein Sonnenstrahl

In der Mitte der Nacht,
beginnt bereits der neue Tag.
Und ist unsere trauernde Seele
auch von schwarzen Wolken verhüllt,
so bricht doch irgendwann
ein Sonnenstrahl durch,
ein kleiner heller Schein in der Dunkelheit.
Gehe auf den strahlenden Schein zu.
Fürchte Dich nicht durch's Dunkel zu wandern.
Hab' die Kraft, die Dinge anzunehmen,
die Du nicht ändern kannst
und erkenne, daß bereits der erste Schritt
auf das Licht zu,
ein Schritt in ein neues Leben ist.

Ein Leben, in dem nichts mehr so sein wird,
wie es war.
Und das Dir doch die Möglichkeit bietet,
etwas Neues anzufangen.
Du wirst mit Deinem geliebten Menschen eine
neue Beziehung haben.

Und irgendwann wirst Du zurückschauen können
mit sehr viel Wehmut und Traurigkeit
und doch auch mit tiefer Dankbarkeit,
diesen Menschen ein Stück seines Lebens
begleitet haben zu dürfen.

Und so wird er Dich nun begleiten
und immer an Deiner Seite sein,
auch wenn Du ihn nicht sehen kannst,
Deine Seele wird ihn fühlen
und Dein Herz seine Liebe spüren
und diese Liebe
wird Dein trauerndes Herz heilen,
denn der Tod
war zwar das Ende seines Lebens auf Erden,
aber nicht das Ende Eurer Beziehung.

Sie verwandelt sich nur,
denn was Liebe war, wird immer Liebe bleiben.

Unsterbliche Liebe

Liebe ist unsterblich,
das weiß ich genau,
drum seh ich Dich immer,
wohin ich auch schau.
Ich spüre Deine Hand
auf meinem Gesicht,
doch weiß ich genau,
real ist das nicht.
Ich höre Deine Stimme,
wo auch immer Du bist,
doch weiß ich genau,
daß es nur Phantasie ist.
Und seh ich Dein Gesicht
plötzlich vor mir,
weiß ich doch genau,
Du bist nicht mehr hier.
Doch wohin ich auch geh,
wohin ich auch schau,
ich spür Deine Nähe,
das weiß ich ganz genau.
Denn ein's weiß ich sicher,
auch wenn Du nicht bei mir bist,
Deine Liebe bleibt,
weil Liebe unsterblich ist.

Ich schenk Dir meine Tränen

Ich schenk Dir meine Tränen,
die ich um Dich geweint.
Muß mich täglich nach Dir sehnen
und wünschte, wir wären noch vereint.
Doch Du hast mich verlassen,
ich blieb allein zurück.
Oft kann ich es noch nicht fassen,
warst doch mein Lebensglück.

Doch schmerzt mich auch die Trauer,
die sich in mein Herz gebrannt,
so weiß ich doch genauer:
Bin dankbar, Dich gekannt.

Hast mir so viel gegeben,
was ich heut in mir trag'.
Du lehrtest mich das Leben
und daß ich nie verzag.

Egal, was auch geschehe,
alles hat seinen Sinn.
So, daß ich heut' verstehe,
wie dankbar ich Dir bin.
Drum schenk' ich Dir meine Tränen
und ein Lächeln auch dazu,
doch werd' mich weiter sehnen,
denn mein Leben, das bist Du.

Tränenmeer

Viele Tränen hab' ich um Dich geweint,
seit dem Tag, als wir nicht mehr vereint.
Als hier auf Erden unsere Liebe zu Ende.
Als Du Dich begabst in Gottes Hände.
Geweint und gezweifelt und oft auch geflucht,
hier und dort - überall nach Dir gesucht.
Gehofft und gebetet und doch nie erhört,
fühlte mein Inneres Selbst zerstört.
Verzweifelt gelitten mit schmerzhaftem Sehnen
vergoß ich wohl hunderttausende Tränen.
Ein Meer könnte wohl daraus entstehen.
So groß ist der Wunsch, Dich wieder zu sehen.
Doch all das Weinen hilft mir nicht.
So wisch' ich die Tränen vom Gesicht,
denn ich weiß, es würde Dich traurig machen,
für Dich muß ich lernen wieder zu lachen.
Also stell' ich mir vor, Du bist eine Träne in mir
und wenn ich weine, Dich für immer verlier'.

Meine Gedanken

Wenn ich am Morgen die Augen aufschlag,
um zu begrüßen, den neuen Tag.
Gelten meine ersten Gedanken Dir
und ich wünschte, Du wärst noch hier.
Mich durchzuckt ein Schmerz,
ihn heißt's überwinden.
Ich trag Dich im Herzen,
da kann ich Dich finden.

So leb ich mein Leben, tagaus und tagein,
mit einigen Freuden mal groß und mal klein.
Doch auch mit Problemen,
die schwer auf mir liegen,
doch eins ist gewiß,
ich laß mich nicht unterkriegen.
Hab vieles erlitten und vieles ertragen,
keine Antwort gefunden auf offene Fragen.
Hab's zur Seite geschoben
und einfach verdrängt,
weil zuviel nachdenken,
mein Leben einengt.

Es macht keinen Sinn, das Leben nur schwer.
Weiß ich doch nun, es gibt soviel mehr.
Ich erwarte die Nacht,
wenn es still wird um mich,
dann habe ich Ruh und denke an Dich.

Ich sehe Dein Lächeln
auf Deinem lieben Gesicht
und sag Dir täglich:
"Ich vergesse Dich nicht".
Dir gelten meine Gedanken
bei Tag und bei Nacht.
Erinnere mich an alles,
was Dich hat ausgemacht.

Das ist der Trost, den ich so dringend brauch,
so beginnt mein Tag und so endet er auch.
Denn aus meinen Gedanken
kann Dich niemand vertreiben,
denn was Liebe war,
wird immer Liebe bleiben.

Wahre Liebe nie vergeht

Vorbei, vorbei mein Liebesglück.
Du bist fort, kommst nicht zurück.
Doch bist Du wirklich weggegangen?
Hält Dich auf Erden nichts gefangen?
Sind wir nicht immer noch verbunden,
durch die Liebe, die wir empfunden?
Ist sie nicht das stärkste Band,
welches auch nicht des Todes Hand,
schafft es einfach zu durchtrennen?
Oder lern ich jetzt erst kennen?
Was wahre Liebe wirklich heißt.
Denn dann dieses Band niemals zerreißt.
Wenn Gefühle auch nach vielen Jahren,
immer noch die gleichen waren.
Wenn nichts vorbei und nichts beendet,
das Liebesglück sich nur etwas wendet.
In anderer Form weiter besteht:
Denn wahre Liebe nie vergeht!

Mein Stern

Heute sah ich einen hellen Stern,
leuchtend nah und doch so fern,
strahlender als all die anderen Sterne.
Ach, möcht ich glauben doch so gerne,
daß Du auf diesem Stern nun wohnst,
wie ein König darauf thronst
oder wie ein kleines Kind, mit den Beinen
baumelnd.
Halt Dich fest, sonst kommst ins taumeln.
Guckst von oben auf die Welt,
mir die Vorstellung gefällt.

Drum schau ich nun in jeder Nacht,
was mein Sternlein heute macht.
Und wenn ich in den Himmel schau,
dann spüre ich es ganz genau:
Daß Du Deinen Platz gefunden.
Du dort oben - ich hier unten.

Täglich wart ich auf die Nacht,
denn dann kann ich Dich gut sehen.
Bitte leuchte mir den Weg,
den ich muß nun gehen.
Und so lieben wir uns von der fern.
Ich auf Erden, Du auf Deinem Stern.

So guck ich täglich in die Nacht,
doch plötzlich hab ich nachgedacht.
Sternschnuppen gibt es dann und wann.
Kommt Dein Stern denn auch mal dran?
Was ist, wenn er fällt hernieder?
Bekomm ich Dich dann auf Erden wieder?

Meine Sonne

Du warst die Sonne,
hast meinem Leben Licht und Wärme gegeben.
Mit Dir erlebte ich den Himmel auf Erden.
Nun schaue ich alleine in den Himmel
und sehe, daß die Sonne untergegangen ist.
Es ist dunkel und kalt
und doch weiß ich,
daß die Sonne immer am Himmel steht.
Ist sie aus meiner Sicht auch untergegangen
geht sie doch woanders gerade auf.
Nur aus meinem Blickfeld ist sie verschwunden,
was aber nicht bedeutet,
daß sie nicht mehr da ist.
Für mich ist sie nur momentan nicht sichtbar.

Wie die Sterne in der Nacht

Leuchtende Sterne in schwarzblauer Nacht.
Silberne Straße vom Monde gemacht.
Säuselnder Wind, der vom Meer hier her weht.
Dunkelheit, die am Morgen vergeht,
um den Tag neu zu begrüßen,
mit den Erlebnissen, den süßen,
doch auch die bittren werden Dich ereilen,
länger oder kürzer bei Dir verweilen.
Vielleicht für lange Zeit nicht weichen,
so daß Tag und Nacht sich gleichen.
Die Dunkelheit nicht mehr verschwindet.
die Traurigkeit sich an Dich bindet.

Doch egal, was auch die Trauer aus Dir macht:
Seh in der Dunkelheit der Nacht,
wenn auch nur in weiter Ferne,
das helle Leuchten vieler Sterne
und des Mondes heller Schein,
denn sie werden Deine Anregung sein;

Zu erkennen,
daß umso größer nun Dein Schmerz,
umso reicher ist Dein Herz.
Und was Dich schmerzlich aufgewühlt
Du früher, als Liebe hast gefühlt.
Und die Erinnerung daran,
Dir niemals jemand nehmen kann.

Sie sind wie die Sterne in der Nacht.
Es liegt an Dir, was Du draus machst.
Fühl sie nicht mit der Sehnsucht Schmerzen.
Trag sie mit Dankbarkeit im Herzen,
denn so wie das Leuchten der Sterne
in dunkler Nacht,
sind die Erinnerungen als Trost gedacht;

Drum laß sie niemals mehr verblassen,
denn sie sind das, was er Dir hinterlassen.

Nebel

Nebel legt sich übers Land.
Zu Ende nun, was uns verband.
Doch lichtet sich der Nebel dann,
vielleicht nicht heute - irgendwann.
Kann ich erkennen und klar sehen:
Meine Liebe, die wird nie vergehen.

Nebelschleier

Dicht senkt sich der Nebel übers Land.
Bäume verschwinden hinter einer weißen Wand.
Nicht mehr zu erkennen und doch da,
dem Auge fern und doch so nah.
Wüßte ich nicht, daß hier die Bäume stehen,
glaubt ich es nicht, denn ich kann sie nicht sehen.

Doch nur weil das Auge etwas nicht erkennt,
heißt es nicht, es ist getrennt.
Oft hinter einem Schleier nur verdeckt,
oder hinter tiefer Dunkelheit versteckt
und eigentlich doch zum Greifen nah,
bist auch Du so immer da?

Nicht zu sehen und doch zu wissen,
daß hinter all dem schmerzlichen Vermissen
doch die Gewißheit mich belohnt,
daß Du ganz nah bei mir wohnst.

So wie durch die Nebelwand,
ich die Bäume doch noch fand.
So wie ich dann erspäht
als der Schleier kurz verweht,
daß nach der Dunkelheit kommt Licht
und Du bist da, verläßt mich nicht.

Man muß nicht alles klar erkennen,
Dinge nicht beim Namen nennen.
Nicht verstehen und nicht begreifen.
Muß erst wachsen und auch reifen,
um dann als Gewißheit bewußt zu werden,
es gibt Dinge zwischen Himmel und Erden.

Und so wie der Nebel wieder steigt,
sich mir vielleicht Dein Gesicht dann zeigt.
Vielleicht, vielleicht auch nicht,
es fällt nicht ins Gewicht.
Ich weiß in meiner Nähe Dich
und dieses Wissen tröstet mich.

Das Wissen

Soviele Tage und nun sind es schon Jahr`.
Du einfach gegangen und nicht mehr da.
Nichts geblieben, außer verzweifeltem Sehnen
und hunderttausend vergossenen Tränen.

Doch ist mein Trost in dunklen Stunden,
daß Du Deinen Frieden nun gefunden.
Daß nichts mehr irdisches Dich quält,
daß Du glücklich in der anderen Welt.

Eine Welt, die für mich im Dunklen verborgen,
doch weiß ich bei all meinen Sorgen:
Daß Deine Welt, irgendwann auch die meine ist.
Und wenn Du jetzt auch so vermißt,
werde ich Dich doch später wieder sehen.
Und dies hilft mir, mein Leben überstehen.

Glaube, Liebe Hoffnung

Wenigstens für einen kurzen Augenblick,
wünschte ich, Du kämst zurück.
Vielleicht auch nur für eine Stund
oder ein Wort aus Deinem Mund.

Doch Wünsche werden nicht oft erfüllt.
Die Welt um mich, sich in Schweigen hüllt.
Antwortet nicht auf meine vielen Fragen,
hört nicht, was ich Dir will noch sagen.
Läßt mich allein in der Stille zurück.
Erloschen all mein Lebensglück.
Und doch hör ich nicht auf zu flehen,
darum zu bitten, Dich wieder zu sehen.

Denn solange mir die Hoffnung bleibt,
sie damit auch die Angst vertreibt,
daß das was jetzt verloren scheint,
am Ende doch wieder vereint.
Dieser wichtige Glaube
ist meine tröstende Quell.
Durch die Hoffnung und den Glauben
wird mein Leben hell.

So erlang ich doch mein Seelenheil,
doch fehlt noch ein entscheidender Teil.
Die Liebe, sie ist die größte Macht,
vertreibt Schatten einer dunklen Nacht.
Sie mich so sehr noch an Dich bindet,
daß allmählich die Stille auch verschwindet.
Die Fragen aufhören,
die meine Seele zerstören.

Dadurch konnt sich mein Leben wenden.
Zu wissen, es ist nicht zu beenden.
Alles ist Anfang und Ende zugleich,
diese Erkenntnis macht mein Leben reich.
Die Hoffnung zu haben,
auch wenn sie manchmal fehlt.
Den Glauben zu behalten,
egal was mich quält.
Die Liebe zu leben, mit all ihrem Schmerz,
drum trage ich drei Dinge in meinem Herz.
Drei, die sich tief in mein Herz gebrannt,

das was Glaube, Liebe und Hoffnung genannt.

Immer

Immer, wenn ich den Wind höre,
denke ich, es ist Deine Stimme,
die zu mir spricht.
Immer, wenn sich die Wolken
vor die Sonne schieben,
denke ich, im Schatten Dein Gesicht zu sehen.
Immer, wenn der Mond
eine silberne Straße auf die Erde malt,
denke ich, es ist der Weg,
auf dem Du zu mir kommst.
Immer wenn die Sterne
leuchtend am Himmel stehen,
denke ich, daß es der Glanz Deiner Augen ist.
Immer wenn der Regen herniederprasselt
und auf mein Gesicht fällt,
weiß ich, daß er sich mit meinen Tränen
vermischt.
Und dann denke ich,
egal was auch geschieht,
egal wieviel Zeit vergeht,
ich werde mich immer nach Dir sehnen
und nie aufhören, Dich zu lieben
und zu vermissen.
Jetzt und für immer.

Hoffnungsschimmer

Dicke graue Wolken
ziehen am Himmel vorbei.
Ich denke zurück an die Zeit,
wo wir noch zwei.
An all das, was uns verbunden.
Da sind die Wolken
plötzlich verschwunden.
Dafür die Sonne vom Himmel strahlt,
goldenes Licht auf die Erde malt.
Und von dem Sonnenschein geweckt,
ein Vogel seine Flügel streckt.
Und sich hinauf schwingt in die Luft,
da rieche ich der Blumen Duft.
Nehme mit allen Sinnen wahr,
was die Natur mir bietet dar.

Alles was ich da erblickt,
ist, als wenn man mir ein Zeichen schickt;
daß gerade in den kleinen Dingen,
der Trost am besten kann gelingen.
Und daß auch, wenn alles grau in grau,
wenn ich nur ganz genau hinschau,
einen Lichtschein ich doch erkenn',
den ich Hoffnungsschimmer nenn'.
Und ist er auch noch so klein,
soll er doch meine Hilfe sein:
Mir Licht und Wärme hier zu geben,
denn ich muß ja weiterleben.

Und doch

Du bist mir fern und doch so nah.
Mir war, wie wenn ich Dich eben lächeln sah.
Nur ein kurzer Moment ein Augenblick,
denn Du bist fort, kehrst nie zurück;
Und doch war mir, als hätte ich was gespürt,
als hättest Du mich sanft berührt.
Ein Trugbild nur der Phantasie,
denn Du bist fort und kommst gar nie;
und doch vernahm ich Deiner Worte Laut
und hörte Deine Stimme, die mir so vertraut.

Kein Hirngespinst, keine Illusion:
"Ich ging zwar fort, doch nie davon,
Du sollst mich immer bei Dir wissen
und doch wirst Du mich so vermissen
und eines Tages dann erkennen
unsere Liebe wird nichts trennen"

Vorbei ist vorbei

Vorbei ist vorbei - es nicht mehr zählt
und doch ist's, als ob er sich im Raum aufhält.
Es ist als flüstert er mir zu,
ein Wispern nur und dann ist Ruh;
und plötzlich ein heller Lichterschein,
dann fühle ich, ich bin allein;
doch ist's wie wenn ich Dein Streicheln gespürt,
als hätt' mich Deine Hand berührt,
ganz liebevoll und sacht.
So ist es nun in jeder Nacht.